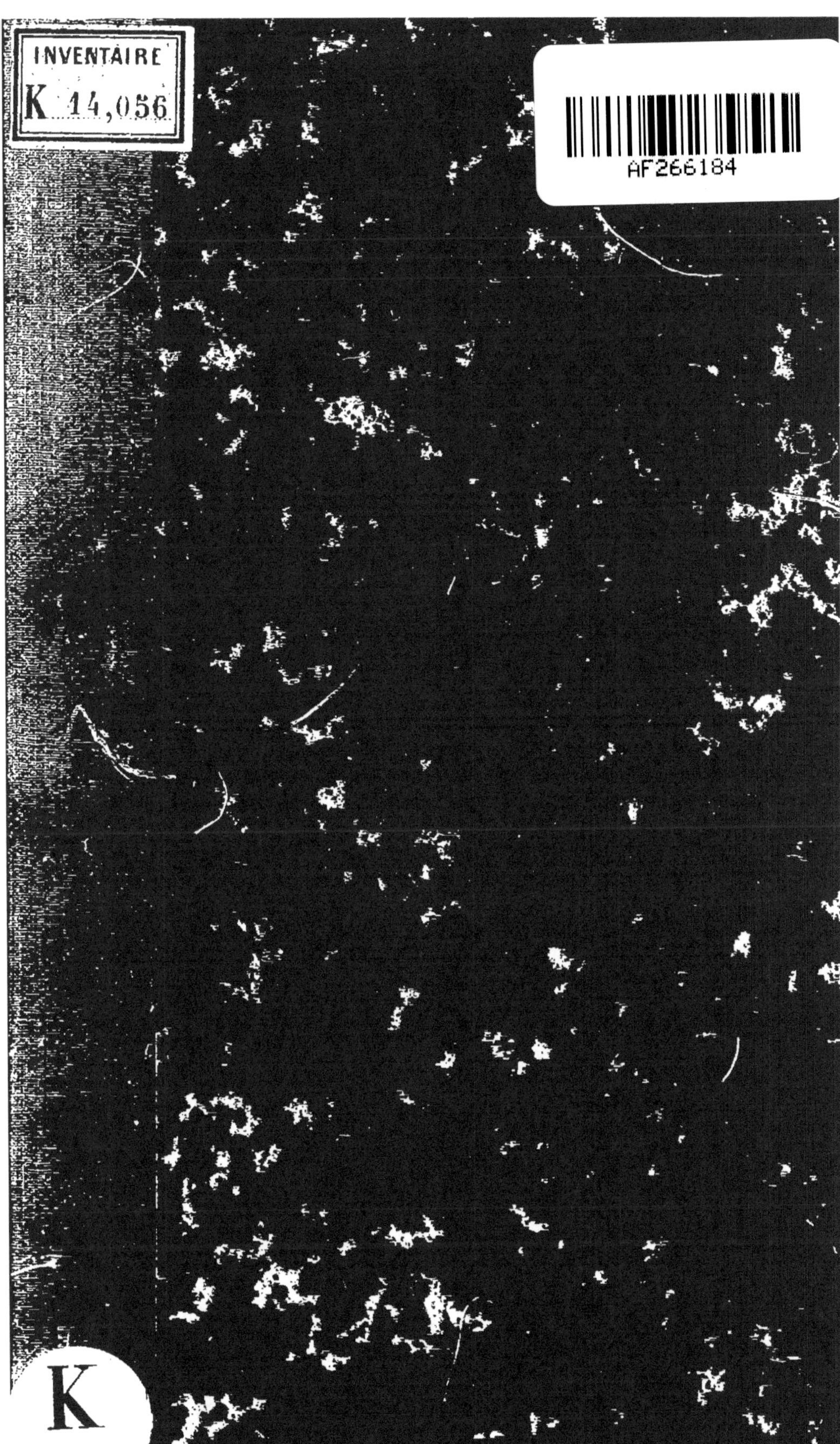
INVENTAIRE
K 14,056

K

L'UNITÉ ITALIENNE

DEVANT LA FRANCE

ET DEVANT L'EUROPE

PARIS

IMPRIMERIE DE L. TINTERLIN ET C°

rue Neuve-des-Bons-Enfants, 3.

L'UNITÉ

ITALIENNE

DEVANT LA FRANCE

ET

DEVANT L'EUROPE

PARIS

E. DENTU, LIBRAIRE-ÉDITEUR

PALAIS-ROYAL, 13, GALERIE D'ORLÉANS.

1860

L'UNITÉ ITALIENNE

DEVANT LA FRANCE ET DEVANT L'EUROPE

I.

Un événement extraordinaire, une entreprise d'une audace incomparable a soulevé la Sicile, au mois de mai dernier, étonné et surexcité l'Europe ; cela se passait sous les yeux et à la portée du canon des puissances gardiennes de l'ordre public européen.

L'affaire s'est tramée sourdement et habilement. Les affidés ont gardé un secret impénétrable. À l'heure dite, un soir, dans les environs de Gênes, quelques hommes déterminés se sont embarqués, en fraude, sur deux navires mis à leur disposition, on ne sait par qui ni comment, avec des vivres, des munitions, des armes, de l'argent, venus on ne sait de quelle source mystérieuse, de quelles libéralités anonymes. La petite troupe, composée de quelques centaines d'hommes, a fait voile furtivement vers la Sicile, dans le but de venir enlever cette île à la domination du roi de Naples.

Il n'y a pas deux expressions dans les langues modernes pour désigner les héros d'une semblable expédition ; ce sont des aventuriers. Cette qualification n'est pas déshonorante en elle-même. Il faut voir le but et les moyens. Volontairement enrôlés sous la conduite d'un chef intrépide, homme de foi et d'action, de courage et de dévouement, ils ont marché au nom d'un principe, sans se compter, sans même prendre souci de la légalité de leur audacieux projet. On leur a dit en les enrôlant que leur cause triompherait d'elle-même; ils la savent bonne, juste et grande. Ils marchent.

Ils débarquent à Marsala presque sans résistance ; ils se mettent aussitôt à la poursuite de l'ennemi, prêts à vaincre ou à mourir. D'ailleurs, comme si une invisible Providence voulait donner à leur courage la force du désespoir, elle suggère à leurs ennemis l'idée de brûler les vaisseaux de ces nobles aventuriers. Ce désastre aurait suffi pour les rendre invincibles. Ils livrent des combats à outrance, enlèvent des positions, prennent des villes, battent des ennemis trois fois plus forts en nombre, recrutent des partisans, reçoivent de tous côtés des secours imprévus. En quelques jours, ils ont conquis une vaste étendue de pays. Depuis longtemps déjà ils sont maîtres de Palerme. Aujourd'hui, ils menacent Messine. Vingt mille sodlats napolitains ont demandé merci; la Sicile n'est plus au roi de Naples; Garibaldi y commande en dictateur.

Encore un fait accompli ! — Nous en avons déjà vu un certain nombre en Italie et nous en verrons encore. Mais celui-ci domine tous les autres par son caractère imprévu, anormal et par les circonstances presque fatales dans lesquelles il s'est produit. Ce n'est pas nous que ces prodiges étonnent. Il y a longtemps que les

triomphes obtenus par la toute-puissance des principes sur la force matérielle ont cessé de nous surpren-
dre. Nous avons vu plus fort que cela. Cette conquête
de la Sicile par les volontaires de Garibaldi est-elle
plus étonnante que toutes les conquêtes obtenues depuis bientôt un siècle, en Europe, dans l'ordre matériel et dans l'ordre moral, par le plus petit nombre
sur le plus grand, par la vérité contre l'erreur, par
les droits contre les abus, par la raison contre la folie?
Et, sans sortir de l'Italie, le succès d'une poignée de
braves brisant la résistance armée et organisée d'un
souverain, a-t-il donc de quoi nous étonner lorsque
nous avons vu d'autres États s'arracher d'eux-mêmes
par un acte de volonté calme et persévérante, à l'autorité des princes qui les possédaient, et se mettre à
l'abri d'un retour de domination sous l'étendard national?

Ces choses accomplies en dehors des usages reçus,
cette déviation aux règles du vieux droit européen,
ces merveilleux triomphes doivent avoir et ont, en effet, une signification profonde. Il ne suffit pas de les
voir, il faut les comprendre. Il y a tout un avenir d'espérance et de liberté qui jaillit de l'examen attentif et
calme de ces faits. L'Italie peut aujourd'hui ce qu'elle
n'a jamais pu, bien qu'elle n'ait pas, en apparence
du moins, plus d'éléments de succès qu'elle n'en pos-
sédait à ces tristes époques où nous l'avons vue, après
des efforts désespérés, retomber dans une fatale impuissance.

Ce progrès a une cause qu'il importe de connaître.
— Dans notre conviction, l'Italie a trouvé sa voie.
Elle sait maintenant où est sa vraie force. Quoi qu'on

fassé pour l'arrêter, à coups dè canon ou avec des protocoles, l'Italie sera une nation. C'est l'intérêt de tous qu'elle le soit, l'intérêt de la France, l'intérêt de l'Europe. — Cette foi dans l'avenir de l'Italie, nous ne l'avons pas toujours eue. Nous l'avons maintenant et nous voulons dire pourquoi. Il importe que tout le monde partage cette foi et qu'il n'y ait plus de malentendu sur le véritable caractère de ce peuple et sur sa destinée.

II.

Le projet d'affranchir l'Italie est un projet déjà ancien. Ce fut le rêve de toutes les âmes généreuses et de beaucoup d'intelligences supérieures, qui ne pouvaient se résigner à laisser asservie, morcelée, profanée, une nation mère de toutes les autres. La relever, l'affranchir et la constituer, c'était plus qu'une affaire de politique, c'était une question de sentiment et de reconnaissance.

Napoléon Ier fit ce rêve. Il prit l'Italie dans sa forte main; il en fut le roi. Mais il ne manqua pas de dire en ceignant cette couronne : « J'ai toujours eu l'intention de créer l'Italie libre et indépendante; j'accepte ce trône, je l'occuperai, mais seulement le temps que mes intérêts l'exigeront. » Napoléon avait cru qu'il ne pourrait sauver l'Italie qu'en la possédant. Il l'eût sauvée, en effet, si lui-même ne se fût perdu; il eût abdiqué la couronne d'Italie si on ne la lui eût arrachée. Le sentiment national sur lequel il s'appuyait fut invoqué contre lui par la coalition triomphante. La coalition souleva l'Italie en lui promettant l'indépendance. On sait jusqu'à quel point elle était sincère ; on sait quelle indépendance elle donna à l'Italie. C'est elle qui a livré aux Autrichiens la Vénétie et la Lombardie, qui a créé au centre ces petits États destinés à relier entre elles les dominations absorbantes du Nord et du Midi et à former sur toute la Péninsule comme un réseau d'oppression et d'asservissement. La coalition a agrandi, sans nécessité, les États du pape ; elle a restauré à Naples ces monarques impopulaires, sourds à toutes les plaintes, à tous les conseils, à toutes les menaces. Cette œuvre impolitique, anti-italienne, consacrée par les traités de 1815, était la plus hostile qu'on pût imaginer au mouvement national. Elle était faite pour étouffer l'Italie ou pour la révolter.

A peine la triple domination de l'Autriche, des archiducs et des Bourbons se fut-elle appesantie sur la Péninsule, qu'il lui surgit des ennemis de tous côtés. L'opposition nationale, dans l'impuissance où elle était d'organiser une résistance ouverte à des gouvernements placés sous la protection d'une police vigilante et implacable, attisant les haines et les réprimant quelquefois avec cruauté, l'opposition nationale se blottit dans des coins obscurs, elle se travestit, se dissimula. Elle se fit conspiration.

Les carbonari se dévouèrent les premiers au renversement de l'œuvre de 1815. Leur association existait sous un nom différent depuis la chute des républiques italiennes ; elle se réorganisa pour les restaurer. Les carbonari eurent du courage, de la décision, du désintéressement et une certaine discipline. Ils auraient pu faire quelque bien à leur pays, si un pays pouvait en recevoir de l'influence d'une société secrète dont les mystérieux complots effrayent d'abord ceux qu'ils veulent sauver. D'ailleurs, ils manquaient de vues d'ensemble; dans cette vaste conspiration qui embrassait l'Italie et la France, se trouvaient enclavées une foule de petites conspirations partielles et divergentes. Ils étaient, en outre, plus dévoués à une doctrine politique qu'à un principe de nationalité, et cette doctrine politique n'était pas la même pour tous les carbonari. En France, ils étaient libéraux, anti-bourbonniens, bonapartistes ou républicains. En Italie, ils n'étaient que républicains, mais ils aimaient peut-être mieux la République que l'Italie. La force leur manqua au moment de l'action, parce qu'ils eurent contre eux tout ce qui, dans la nation, tenait pour la forme monarchique.

Il y eut, à la suite de leur échec, une assez longue période de découragement. Le réveil populaire de 1845 remit sur pied le patriotisme italien. Il apparut sous une forme nouvelle, un peu plus rationnelle, un peu moins définie et plus conforme au principe de nationalité. L'œuvre du carbonarisme fut reprise en sous-œuvre par Mazzini, qui formula la doctrine de l'unitarisme, sans abandonner, toutefois, l'idée républicaine. Cette innovation excita dans toute la Péninsule un long frémissement de joie et ramena l'espérance dans es cœurs. Le peuple italien eut comme le pressentiment de son avenir, et Mazzini, pour ce motif, n'eut pas de peine à se poser en libérateur et en apôtre. Il eut des adeptes, des partisans dévoués jusqu'au fanatisme. Aimé du peuple, mais suspect aux pouvoirs établis dont il conspirait le renversement, il eut le malheur, malheur irréparable pour lui et funeste à l'Italie, d'être mis au ban des États constitués, et signalé à toutes les polices de l'Europe. Il commença une vie errante et persécutée ; son ostracisme augmenta l'ardeur de ses partisans, le grandit même à leurs yeux, mais rendit de plus en plus inefficaces ses moyens d'action. Il parlait au monde sur un ton inspiré, dans des journaux nomades. Sa belle théorie de l'unité italienne se généralisa, s'idéalisa, tomba dans les abstractions et devint une sorte de croyance mystique. Ce fut à la fois un symbole politique et religieux. Pour le succès de semblables doctrines, il fallait renverser les gouvernements, anéantir les religions. Il y eut donc contre Mazzini une ligue formidable, dans laquelle entrèrent tous les pouvoirs établis et tous les esprits pratiques.

III.

Cependant, tout espoir de salut ne pouvait être perdu. Il y avait dans l'idée primitive des carbonari et au fond de la doctrine mazzinienne dégagée de ses utopies et de ses excès, un élément de succès dont il eût été maladroit de ne pas tirer parti. La force qui opprimait l'Italie était une, la domination s'exerçait du Nord au Midi avec une singulière unité de vues et de moyens ; et cette politique absorbante était d'autant plus efficace, qu'elle s'exerçait sur un peuple divisé par petites fractions, chacune relativement beaucoup plus faible que la puissance contre laquelle il fallait lutter. Ceci tombait sous le sens. C'était d'ailleurs une vérité vieille comme le monde que le meilleur moyen d'affaiblir, c'était de diviser. Par contre, le meilleur moyen de fortifier, c'était de réunir. L'allégorie des faisceaux portés par les licteurs devant les anciens consuls romains ne pouvait être oubliée dans ce pays où l'histoire a laissé de si frappants enseignements.

Rapprocher les forces éparses de la nation, en former un faisceau, les condenser, faire disparaître les anciennes rivalités en établissant la communauté des intérêts, c'était le commencement du salut et le gage certain de l'indépendance. L'oppression avait commencé cette œuvre, sans le vouloir, à son insu ; c'est elle la première qui avait réuni tous les Italiens, ceux de Venise, ceux de Milan, ceux de Florence, ceux de Rome et ceux de Naples ; elle les avait initiés à l'unité par la communauté des souffrances qui engendre la communauté des aspirations, des désirs et des haines. Il était habile, il était rationnel, il était politique de tirer parti d'une position si avantageuse et d'exploiter au profit de la patrie cette alliance intime que forme le malheur et qui est un bienfait du ciel, une dernière et sûre espérance.

Cette tâche glorieuse aurait pu échoir à une individualité, si cette individualité s'était trouvée assez forte, assez influente, assez désintéressée ; elle aurait pu échoir à un Daniel Manin ou à un Mazzini. Mais un gouvernement avait plus de chance de réussir, parce qu'il dispose de plus de moyens d'action et surtout parce qu'il peut présenter aux populations, sous une forme réelle et pratique, cette unité sortie enfin du vague des théories et des abstractions. Ce n'était pas tout de dire aux nationalités italiennes : unissez-vous, adoptez un seul chef et un seul drapeau. — Quel chef et quel drapeau? — Les carbonari et Mazzini voulaient une république avec Rome pour capitale. La République, nous ne le contestons pas, peut être une forme de gouvernement fort désirable sous plusieurs rapports. Mais elle n'est pas du goût de tout le monde; il est même beaucoup de gens qu'elle épouvante. Établir en Italie du même coup l'Unité et la République, c'était faire deux innovations à la fois; c'était arriver en deux bonds à l'extrême limite du progrès politique, ce qui est un peu contraire à l'ordre providentiel. En tout cas, c'était aller vers l'inconnu et courir des aventures qui auraient pu jeter la malheureuse patrie italienne à l'opposé du but où elle tend.

Parmi les gouvernements établis, deux seulement étaient propres à réunir un assez grand nombre d'adhésions pour faire avec quelque succès la propagande unitaire : c'était le gouvernement Pontifical et le gouvernement Piémontais, c'est-à-dire le gouvernement représentant l'idée religieuse et le gouvernement représentant l'idée libérale et nationale. Il faut exclure tout de suite les États qui représentaient en Italie l'élément étranger; le mouvement se faisait contre eux, il ne pouvait pas se faire avec eux ni par eux.

Malheureusement, le gouvernement pontifical s'est trouvé lié par des traditions, par des préjugés ou par des scrupules qui l'ont empêché de se concilier, en temps opportun, la faveur et la confiance des peuples italiens. Pie IX a eu, dès le début de son règne, le projet de conquérir pacifiquement, par la voie des réformes, la domination de toute l'Italie. — Lui aussi, il eut un moment le beau rêve de l'Unité italienne. Il a eu vers la liberté des élans qui n'auraient pas tardé à lui gagner la confiance des populations, ravies de trouver dans les mêmes mains le dépôt sacré de la liberté publique et de la vérité religieuse. Mais ce fut une illusion ; le Pape lui-même revint bientôt de son erreur. On n'eut pas de peine à lui faire comprendre qu'il aspirait à concilier des choses inconciliables, et que la liberté tuerait la religion si la religion ne continuait pas à étouffer la liberté. Pie IX ne sut pas sortir de ce dilemme terrible. Il laissa retomber sur la tête de ses sujets un joug plus pesant, et se crut en paix derrière ses cardinaux et sous la protection des baïonnettes étrangères.

L'Italie se tourna vers le Piémont. Là, du moins, elle trouva un patriotisme éclairé, un sage amour de la liberté, des gages non équivoques de cet amour donnés sur les champs de bataille, et un gouvernement qui, par sa forme monarchique et constitutionnelle, pouvait concilier toutes les opinions, rallier tous les partis. Les royalistes y trouvaient leur satisfaction et les républicains pouvaient espérer, dans un délai plus ou moins prochain, une transformation des institutions libérales en institutions républicaines.

Il faut le dire aussi, la maison royale de Savoie s'était jetée bravement dans le mouvement italien, elle s'y était jetée sans arrière-pensée, avec conviction, avec foi. Le roi Charles-Albert avait été un moment l'affidé des carbonari, et c'est à ce contact qu'il s'était inspiré, c'est dans les discussions, dans les études, dans les recherches de cette association qu'il avait entrevu, comme Mazzini, l'avenir de l'Italie. Charles-Albert et Mazzini sont deux rayons sortis du même foyer : l'un pour féconder, l'autre pour incendier.

Charles-Albert, fils de roi et destiné au trône, déroba aux républicains du carbonarisme leur théorie de l'Unité italienne, et en fit la propriété de sa famille. Quand il fut roi, il commença par payer de sa personne et voulut peut-être arriver au but par un chemin trop rapide. Il compta trop sur sa bravoure et sur celle de son armée ; ses espérances vinrent se briser à Novare. Il légua à son fils son épée et la mission de sauver l'Italie. — Victor-Emmanuel saisit cette épée, dont il était digne, et se trouva à la hauteur de cette mission. Avant d'être roi, il était déjà populaire en Italie ; on l'avait vu sur les champs de bataille ; on savait qu'il portait en lui une âme forte et généreuse, qu'il y avait en lui une noble ambition et un parti pris, non pas d'ajouter à ses États quelques lambeaux de territoire, mais de constituer le Piémont assez fort pour en faire la base de la liberté et de l'indépendance de l'Italie.

Ce fut là l'idée politique de Victor-Emmanuel. On s'est trop habitué à considérer ce souverain comme une vaillante épée. On a trop vu le soldat et pas assez l'homme politique. Le fils de Charles-Albert a su tirer le parti le plus habile de sa position ; il a eu toujours présentes à la pensée les fautes de son père, pour éviter d'y tomber ; et comme les moyens adoptés sous le règne précédent n'avaient amené que des désastres, il en prit d'autres. Il a d'abord cherché des alliés parmi les puissances qui professent le respect des nationalités ; et cette alliance il ne l'a pas demandée comme une faveur, il l'a conquise comme un droit. Dès qu'il a vu l'Angleterre et la France s'unir pour la cause ottomane, il a voulu que le Piémont entrât dans cette ligue où l'Autriche hésitait à entrer, et, en s'y faisant admettre dès les premiers jours, il a peut-être été cause que l'Autriche s'est maintenue dans une neutralité favorable aux intérêts politiques du cabinet de Turin. En Crimée, l'armée sarde s'est noblement conduite, et si sa présence n'a pas été d'un grand poids dans l'issue de la guerre, du moins elle a conquis pour le Piémont le droit d'opiner dans les conseils de l'Europe. M. de Cavour, ministre habile d'un souverain populaire et patriote, a posé, dans le Congrès de Paris, la question italienne. Il a trouvé la France de son avis. L'Angleterre aussi a pensé que les Italiens étaient pour le moins aussi intéressants que les Turcs, et que cette nationalité devait être protégée et défendue avec la même énergie que la nationalité ottomane.

A partir de ce moment, la question italienne est devenue populaire en Europe. En Italie même, la passion de la délivrance s'est développée dans des proportions merveilleuses. Toutes les victimes du despotisme dispersées par l'exil, tous ceux que le mouvement de 1848 avait éloignés de leur patrie, tous ces patriotes réduits à l'impuissance, républicains, unitaires, Mazziniens, ont levé les yeux vers le trône constitutionnel de Victor-Emmanuel ; et quand ils ont vu la France se faire son allié, quand ils ont aperçu nos aigles au sommet des Alpes et que le signal de la bataille a été donné, ils ont poussé ce cri qui est désormais le cri du patriotisme italien : vive l'Italie et Victor-Emmanuel ! Garibaldi a pris du service sous les ordres du roi, la révolution s'est disciplinée en sa personne, elle a fait hommage-lige de ses droits au prince qu'elle a jugé plus propre qu'elle à les amener au triomphe. Depuis que cette fusion du patriotisme italien s'est accomplie, on a déjà fait un pas immense vers l'Unité ; la Toscane, Modène, Parme, les Romagnes, ont sacrifié leur autonomie en faveur du Piémont. L'élément étranger, disparu du centre, a reculé vers le Nord jusqu'au Mincio ; il s'est amoindri à Rome, il est ébranlé à Naples. Enfin, la transformation s'accomplit ; le droit italien a trouvé son expression, il doit prévaloir.

Et il ne faut pas reprocher au Piémont de chercher à réunir, en une seule, toutes les nationalités italiennes. Si le système de l'Unité est une chimère, si c'est une erreur et un danger, c'est l'erreur de la nation tout entière, c'est un danger qui est volontairement et librement affronté par les populations. Dans cette voie où il est entré, où il a été poussé par la force des choses et par l'impulsion nationale autant que par son propre zèle, le Piémont ne peut pas reculer, il doit marcher en avant et le premier. Il a un principe, le principe l'emporte. On ne résiste pas à ces sortes d'entraînements sans être accusé de pusillanimité ou de désertion.

IV.

Il nous reste à examiner si les autres nations de l'Europe qui n'ont pas un intérêt direct dans le succès de la politique piémontaise, qui n'ont pas les mêmes devoirs à remplir et qu'aucun enthousiasme n'emporte, ont des raisons de s'opposer au mouvement unitaire de l'Italie. — Il ne suffit pas que l'unité, si elle se réalise, fasse le bonheur de la Péninsule, il faut aussi qu'elle ne dérange pas les conditions de l'équilibre européen. Après s'être bien pénétrée de ce qu'elle se doit à elle-même, une nation doit s'inquiéter aussi de ce qu'elle doit aux autres, et souvent, entre nations comme entre individus. il faut savoir s'imposer de mutuels sacrifices.

Le pays le plus voisin de l'Italie, celui qui la touche de plus près par les sympathies plus encore que par ses frontières, c'est la France. L'unité italienne ne peut causer à la France aucun préjudice; nous croyons, au contraire, qu'elle peut lui être avantageuse sous quelques rapports.

L'Empire français peut accepter le voisinage d'un État puissant par delà les Alpes, sans compromettre sa sécurité. La nature nous a élevé, de ce côté, des barrières qui nous rendent inabordables, et dont la prévoyance de l'Empereur nous a restitué les positions défensives. Maintenant, l'Italie peut s'étendre, se fortifier, devenir une nation de vingt-cinq millions d'habitants; ce développement ne nous inquiète guère, au point de vue de la sécurité de nos frontières et de l'intégrité de notre territoire. Au besoin, si cet accroissement de puissance atteignait des proportions imprévues, il nous resterait encore quelques précautions à prendre, et il est hors de doute que la France les prendrait; son premier devoir, si l'équilibre naturel des forces venait à être rompu autour d'elle, serait de chercher dans ses limites naturelles, derrière les montagnes et les fleuves que la Providence lui a donnés, des conditions de sécurité contre l'ambition de ses voisins. Avec les seules garanties qu'elle a maintenant et qu'il serait bien injuste de lui reprocher, la nation française n'a pas à s'inquiéter des progrès que peut faire de l'autre côté des Alpes la maison royale de Savoie. C'est une amie que nous avons là, et ce qui lui arrive d'heureux ne peut nous causer ni inquiétude ni chagrin. Quand on a des amis, on n'a pas à craindre de les avoir trop puissants, si l'on est armé d'avance contre la mobilité de leurs sentiments.

Non-seulement nous n'avons aucun motif de craindre l'unité italienne, nous en aurions de très-sérieux pour la désirer dans les conditions où elle semble devoir s'opérer. — Si l'Italie devient une grande nation, unie, concentrée; si, un jour, la monarchie piémontaise arrive, par sa modération, par sa politique sage, par un dévouement absolu et par la force des choses, à régner sur l'Italie tout entière, c'est à la France, en grande partie, que l'on devra ce succès. La France a brisé le premier obstacle matériel, celui devant lequel auraient indéfiniment échoué tous les efforts de la vaillante armée piémontaise; elle a vaincu l'Autriche, lui a repris la Lombardie et l'a consignée de l'autre côté du Mincio. Libre de cet ennemi qui, à tout instant, menaçait de l'écraser, le Piémont a pu donner un libre essor à sa politique, et l'Italie tout entière a eu le droit d'exprimer ses vœux. Le jour où ils seront réalisés, une reconnaissance profonde enchaînera les destinées de l'Italie aux destinées de la France. Les deux nations devront, en toute occasion, se prêter un mutuel appui, et s'il nous arrivait d'avoir à soutenir une lutte disproportionnée contre une partie de l'Europe, nous trouverions, dans le concours de la patrie italienne, une force qui achèverait de nous rendre invincibles.

Nous avons parlé des liens de la reconnaissance; il en est d'autres qui nous unissent et qui établissent entre les deux pays la plus étroite confraternité. Il y a deux nations en Europe qui ont pratiqué les premières le droit populaire, qui ont donné au monde le grand exemple d'un gouvernement basé sur le suffrage universel : ce sont la France et l'Italie. La France s'est donné le gouvernement impérial, l'Italie se sera donné, de la même manière, l'organisation vers laquelle elle tend. En politique, les gouvernements émanant du même principe d'autorité se doivent un mutuel appui; ils sont solidaires et dépendants les uns des autres. Si le principe meurt ici, il n'a pas longtemps à vivre là. Les monarchies absolues nous apprennent comment il faut rester unis et épouser les querelles les uns des autres. — La France donc pourra compter sur l'Italie, et plus l'Italie sera forte, plus le concours que nous avons le droit d'attendre d'elle sera efficace au jour de la grande lutte démocratique.

V.

Et pourtant la France ne semble pas pousser l'Italie vers l'Unité; elle lui a proposé et elle lui propose encore une Confédération. En cela la France agit sagement; elle ne fait que son devoir.

Pour le démontrer, il faut remonter un peu le cours des événements jusqu'au moment où l'empereur Napoléon, vainqueur des Autrichiens et arbitre des destinées de l'Italie, énonça ce programme d'une Confédération italienne dont la réalisation a rencontré, jusqu'à ce moment, de si grandes difficultés. Il venait d'acquérir dans la Péninsule une grande influence; il portait aux yeux de l'Europe la responsabilité des événements dont cette nation allait devenir le théâtre. Il y avait même chez quelques puissances une disposition très-marquée à exagérer cette responsabilité, à la pousser jusqu'à l'injustice, en rejetant sur nous toutes les tentatives révolutionnaires qui pouvaient se produire en Italie et ailleurs. C'était méconnaître étrangement le caractère de l'Empereur, qui ne fait que ce qu'il veut faire et qui ne répond que de ce qu'il fait. Il a dit avant de passer les monts, tout haut, pour que tout le monde l'entende : « Qu'il voulait rendre l'Italie libre des Alpes à l'Adriatique. » Toute sa politique est dans ce programme, qui fit tressaillir l'Italie lorsqu'il fut proclamé. Elle n'a pas changé. Des obstacles imprévus ont pu en arrêter l'effet mais les désirs et les vœux de l'Empereur sont restés les mêmes, par la raison que les Italiens ont toujours les mêmes titres à ses sympathies et à notre dévouement.

Ce qu'on appelle le revirement de la politique française date de Villafranca. Pour des motifs dont quelques-uns sont connus, dont quelques autres restent à connaître, l'Empereur n'a pas jugé opportun de porter la guerre plus loin que le Mincio. Mais cela ne voulait pas dire qu'il abandonnait la cause de l'Italie, comme l'ont prétendu quelques Italiens, sous la première impression que leur fit cette paix inattendue. A peine rentré en France, Napoléon III, s'adressant aux grands corps de l'État, leur fit sentir combien il lui en avait coûté de renoncer à son programme et de ne pas réaliser toutes les espérances qu'il avait fait concevoir. Son langage ne fut pas équivoque, et, si nous avions l'honneur d'être Italiens, non-seulement il nous eût profondément touché , mais encore il eût ranimé notre courage. Nous nous serions dit aussitôt qu'il n'y a d'indépendance vraiment solide que celle qu'un peuple sait se donner à lui-même, et qu'on ne garde bien que ce qu'on a su prendre. Mieux vaut certainement retarder le succès si, par une sage patience, on arrive à le réaliser soi-même. — De pareils sentiments eussent mieux interprété , la politique française que ne l'ont fait tant d'irritations mal contenues, tant de fausses suppositions.

Il eût été vraiment étrange que l'empereur Napoléon, après avoir signé les préliminaires de Villafranca, se mît à travailler à constituer l'Unité italienne et à intriguer en dessous pour soustraire à l'Autriche la Vénétie, qu'il promettait de lui laisser; aux archiducs leurs États, où il s'engageait à les laisser revenir ; au Pape sa double couronne de Pontife et de Roi, qu'il avait juré de respecter. Il eût été étrange qu'il se fît complice de la chute du roi de Naples et qu'il déchaînât sur l'Italie la révolution furieuse dans un moment où le souverain de la France était injustement accusé d'avoir fait avec elle un pacte secret. L'unité de l'Italie exigeait tous ces sacrifices, et vraiment ce n'est pas à une nation comme la France, à un souverain comme Napoléon, qu'il convient de donner un tel exemple. Il s'est montré généreux et grand en vengeant le Piémont de l'invasion autrichienne ; il se serait montré imprudent et coupable en conseillant le renversement des gouvernements établis. — Tels sont à nos yeux les motifs pour lesquels la politique française n'est pas actuellement unitaire, quoique cette unité ne puisse que lui être profitable.

Mais elle est libérale et jusqu'à un certain point démocratique. Elle ne soufflera pas aux peuples l'insubordination contre les souverains, mais si les souverains, par leur faute, perdent l'affection de leurs sujets, et si les sujets agissant de leur plein gré, sans contrainte et sans violence, jugent opportun de changer de maître, ce n'est pas la France qui emploiera la force pour les faire rentrer dans l'obéissance. Elle cherchera à les réconcilier avec les gouvernements dont ils ne veulent plus, elle se fera l'intermédiaire officieux pour amener une réconciliation: et, si elle n'y parvient pas, elle abandonnera les uns et les autres à leur destinée. Telle a été sa conduite pour les sujets du grand-duché de Florence, pour les sujets du duc de Modène, du duc de Parme et pour les sujets du Pape. La France avait encore en Italie, lorsque ces changements se sont opérés, cinquante mille soldats; ils sont restés l'arme au bras devant la libre manifestation de la volonté populaire.

Que demain la Sicile et le royaume de Naples votent leur union au Piémont, la France, qui ne l'a pas conseillée, la laissera faire; et nous ne croyons pas trop nous avancer en affirmant que si les anciens ennemis de l'Italie profitent de ces bouleversements pour chercher à y établir violemment leur autorité, le gouvernement de l'Empereur se souviendra qu'il est l'allié du Piémont, et qu'il doit faire respecter partout le principe de la volonté nationale dont il émane.

VI.

La nation italienne ne trouvera pas chez les autres nations de l'Europe des dispositions aussi favorables. La plupart se proclament d'avance les ennemis du mouvement unitaire, beaucoup moins à cause de la formation d'une grande puissance dans cette partie de l'Europe qu'en haine du principe au nom duquel cette Unité peut s'accomplir. Les États monarchiques, nous entendons ceux qui ne font aucun cas de la volonté populaire, sont encore en majorité, et ils défendront le principe dont ils vivent par tous les moyens en leur pouvoir.

L'Italie, en particulier, leur inspire depuis long-temps des craintes qu'ils ne peuvent maîtriser. Le moindre mouvement qui se fait dans la Péninsule leur cause des émotions désagréables. C'est là, pour les derniers représentants des monarchies absolues, le vrai foyer révolutionnaire. L'Italie n'est jamais satis-faite ; elle est pleine de gens qui rêvent des soulève-ments impossibles ; au nord, au centre, au midi, on n'est pas content de ce qu'on a : les uns veulent une chose, les autres en veulent une autre ; il y a des mo-narchistes, des républicains, des muratistes et des uni-taristes ; il y a le parti de Mazzini, le parti de Gari-baldi et bien d'autres partis, sans compter le parti de ceux qui ne savent pas bien ce qu'ils sont. C'est, di-sent-ils, la patrie des idéologues, des incendiaires, — et ils ajoutent tout bas : des régicides. — Voilà, en résumé, l'opinion que l'on a de l'Italie dans les vieilles cours de l'Europe : il ne faut s'en étonner ni s'en irriter ; il faut seulement avoir raison de ces préjugés, et cela le plus tôt possible, par une grande modération et par le raisonnement.

Il est vrai que l'Italie a été pour l'Europe un sujet de trouble ; dans ce moment encore, ses agitations, ses luttes armées, apportent l'inquiétude au fond des cœurs. Mais le moyen d'en finir avec l'Italie et d'éteindre ce foyer de guerre, serait de lui donner une organisation en rapport avec ses besoins et de ne lui imposer aucun joug qui révoltât sa dignité. Si l'Europe monarchique avait compris ses intérêts en 1815, elle eût donné à l'Italie, au lieu des gouvernements oppresseurs qui l'ont irritée, une organisation nationale qui l'eût satisfaite et relevée à ses propres yeux. Les nations ne sont pas révolutionnaires de naissance ; elles le deviennent par la maladresse et la perversité des gouvernements. Les révolutions ne partent pas du cœur des nations, comme un volcan qui jaillit du sein de la terre ; elles ont toujours une cause déterminante qu'il faut supprimer, si l'on veut éviter le retour de nouveaux excès. La cause déterminante des troubles intérieurs de l'Italie réside dans l'influence étrangère. Il faudrait d'abord supprimer celle-là. Et le moyen à prendre ne serait pas, selon nous, une Confédération italienne.

Dans une Confédération italienne, l'élément étranger serait encore dominant, et le terrain qu'il a perdu stratégiquement dans la Péninsule, il le reprendrait par une prépondérance morale dans la diète. L'étranger est encore à Venise, et il a des amis influents dans le midi. La diète serait pour eux le point de jonction ; la chaîne, rompue par la suppression des États du centre, se relierait dans ce centre politique. Alors, la lutte qui n'est pas encore apaisée, reprendrait une vigueur nouvelle. Les dissentiments éclateraient sur toutes les questions qui touchent à l'organisation de l'Italie, entre ces divers États encore irrités de leurs récents conflits et séparés les uns des autres par des principes inconciliables. Des rivalités nouvelles viendraient s'ajouter aux rivalités anciennes et attiser des haines invétérées. Ce n'est donc pas en fédéralisant l'Italie que les puissances de l'Europe qui s'appellent conservatrices, éteindraient dans ce pays le foyer des discordes et se prépareraient des jours calmes et heureux.

L'unité leur serait plus avantageuse, et les sacrifices qu'elle pourrait coûter au droit monarchique absolu seraient largement compensés. Les causes de division qui existeraient fatalement dans une diète, n'existeraient pas dans une fusion de tous les États de la Péninsule. L'action des peuples se trouverait substituée à l'action des gouvernements, et si les gouvernements sont désunis, les peuples sont d'accord. Nous ne croyons guère aux anciennes rivalités des peuples italiens. Une situation nouvelle a créé, dans l'âme de ces peuples, de nouvelles dispositions. Un Italien éminent, Massimo d'Azeglio, qui n'était pas unitaire avant la guerre, nous en dit le motif dans le passage suivant d'une lettre écrite à M. Eug. Rendu, après la paix de Villafranca : « L'Autriche dans le quadrilatère, c'est l'Italie « à sa merci au premier jour. L'Italie ne voit que cela. « Elle n'a plus qu'un désir, celui de constituer, n'im- « porte où ni comment, un groupe de provinces capables

« d'opposer une résistance sérieuse à une puissance
« qui n'a rien perdu de sa force et qui a redoublé de
« haine. Comment voulez-vous qu'on songe aux tradi-
« tions historiques et aux intérêts de clocher?... Dans
« la position actuelle, on ne songe qu'à créer des for-
« ces, et on doit reconnaître *que les petits États italiens*
« *ont payé assez cher leurs glorioles locales, pour que*
« *le goût leur en soit passé.* »

Nous ne prétendons pas dire qu'une fois délivrés du
danger qui les pousse à s'unir, le levain des anciennes
rivalités ne reparaîtrait pas, et nous n'osons pas dire
que la fusion complète des intérêts italiens se ferait
tout d'un coup, sans tiraillements et sans violences. On
ne peut vraiment pas compter sur cette miraculeuse
transformation, sans antécédents dans l'histoire. Mais
que seraient ces petites résistances locales, ces pré-
tentions de clocher, à côté des violentes secousses dont
les luttes d'État contre État pourraient nous donner le
triste et dangereux spectacle? Il y aurait, d'ailleurs,
en Italie, une autorité forte, capable de contenir les
mécontents et de faire prévaloir sa volonté. Ce serait
l'affaire de quelques années. En tout cas, ces rivalités
intestines ne troubleraient pas la paix de l'Europe;
elles seraient forcément circonscrites dans la Péninsule. Ni l'Autriche, ni la Prusse, ni la Russie, ni l'Angleterre, ni la France n'auraient à s'en mêler. L'inter-
vention s'arrête là où la sécurité des États voisins n'est
plus engagée.

Et qu'importe aux vieilles monarchies que cette
transformation se fasse au nom de principes qui ne sont
pas les leurs? Si ces principes nouveaux doivent prévaloir, un jour, chez elles, ils prévaudront; quelques

efforts que l'on fasse pour les étouffer chez les autres. D'ailleurs, il est bien évident que ces efforts seraient inutiles. Le principe du droit national existe ailleurs qu'en Italie; il est connu, il a porté ses fruits. Les peuples sont entraînés vers lui par d'irrésistibles courants. Il faut donc en prendre son parti et transiger avec lui, puisqu'il est le plus fort. Or, l'unité italienne, telle que nous la comprenons, réalisée par la monarchie constitutionnelle de la maison de Savoie, est une transaction avec le principe du droit national qui pourrait aussi bien, si l'envie lui en prenait, se constituer sous la forme républicaine que sous la forme monarchique. Les dynasties de droit divin aimeraient-elles mieux une vaste république établie dans la Péninsule et fonctionnant sous la direction de Mazzini, qu'une monarchie constitutionnelle représentée par Victor-Emmanuel? — Telle est, du reste, l'alternative. Dans un avenir prochain, l'Italie sera monarchique constitutionnelle ou républicaine, — à moins qu'elle ne soit de nouveau envahie et opprimée.

VII.

On peut élever, contre ce plan d'organisation de l'Italie, une objection sérieuse. Les puissances catholiques peuvent, au besoin, abandonner à son malheureux sort, l'Autriche, maîtresse de la Vénétie, et le roi de Naples; mais le Pape, qu'en fera-t-on? Le Pape, dit-on, est un obstacle aussi grand à l'Unité, que l'Autriche à la Confédération. Donc, le problème est insoluble.

Il serait fâcheux pour le Pape que la position qui lui est faite en Italie fût un obstacle à l'indépendance de la Péninsule et à la paix générale. Les catholiques devraient se montrer inconsolables d'un semblable malheur dont la conséquence fatale serait de rendre insoluble la question italienne ou de perdre à tout jamais l'autorité temporelle du Pape. A plus forte raison devraient-ils gémir si, comme on l'a dit, l'existence de la religion se trouvait subordonnée à celle du pouvoir temporel. Dieu merci, la question n'est pas ainsi posée ; il ne s'agit ni d'enlever au Pape l'indépendance qu'il faut à son autorité spirituelle, ni de porter une atteinte au principe sacré qu'il représente. Il ne s'agit même pas de lui enlever la ville éternelle. Plusieurs solutions ont été indiquées ; si le Pape ne s'exagère pas à dessein les dangers qu'il court, et si les évêques cessent de jeter en son nom des cris d'alarme, il se trouvera bien sur le nombre, une solution digne d'être prise en considération. Rome peut rester libre au milieu de l'Italie indépendante, et le Pape plus libre encore et plus indépendant. Nous ne trouvons rien d'impossible à cela et, si nous remontions le cours des siècles, nous verrions la Papauté dans une situation bien plus précaire que celle où la mettrait aujourd'hui le programme de l'unité italienne. A l'époque dont nous parlons, elle était subordonnée et cependant beaucoup plus respectée sans pouvoir temporel qu'elle ne l'est aujourd'hui avec ses États et sa politique. Pourquoi le Pape ne redeviendrait-il pas ce qu'il était dans les temps les plus prospères de l'Église, le premier évêque de la catholicité ?

Mais nous ne voulons pas insister sur cette question

qui a été suffisamment débattue. Nous ne trouverions à dire rien de nouveau. A nos yeux, c'est une question jugée, et nous sommes pénétré de la conviction qu'on peut sauver l'Italie sans perdre le Pape, sans compromettre la religion et sans blesser le sentiment des puissances qui se sont constituées les gardiennes du Saint-Siége.

VIII.

Qu'avons-nous fait jusqu'à présent? Nous avons parlé de l'Unité de l'Italie avec l'accent de la conviction, nous avons essayé de démontrer que tout ce qui s'était accompli, que tout ce qui s'accomplit encore, que les intérêts italiens, que les intérêts français, que les intérêts de l'Europe, que les principes en vigueur poussaient fatalement l'Italie vers l'Unité. Le mouvement sicilien, qui venait d'éclater et de triompher au moment où nous avons pris la plume, nous a paru un argument décisif en faveur de notre thèse et a déterminé notre conviction. Ce mouvement, depuis lors, s'est un peu ralenti et l'ardeur n'est plus la même en Sicile. Le roi de Naples, qui se sentait entraîné, s'est accroché à la première chance de salut qu'on lui a offerte. Ne pouvant vaincre la révolution, il lui a tendu la main, et aujourd'hui le drapeau italien est arboré sur le fort Saint-Elme. Il semble que la face des événements ait changé et que la solution soit indéfiniment ajournée.

Cela pourrait être, en effet; surtout si, comme on l'a prétendu, la Sicile réclame son autonomie et refuse l'annexion ; si les sujets du roi de Naples, satisfaits des réformes qui leur sont accordées, ne désirent pas changer de maître. L'Unité ne peut s'accomplir que du libre consentement de ceux qui doivent en faire partie ; s'il y a chez quelques-uns encore de l'hésitation, il faut attendre. Un État, quelque petit qu'il soit, introduit contre son gré dans la grande nation italienne, serait, dans un avenir prochain, un élément de dissolution, et la plus grande faute que l'on puisse commettre pour faire prévaloir l'Unité, serait de violer ce principe de la volonté nationale qui seul peut amener la fusion des États Italiens et rendre cette fusion légitime et durable.

Les choses étant ainsi, il n'y a pas à hésiter. Une Confédération est nécessaire et nous ne connaissons pas de transition plus naturelle pour arriver à l'Unité que ce rapprochement de toutes les nationalités sous le même drapeau. L'organisation fédérale, si elle aboutit, va mettre en contact les gouvernements établis ; ils apprendront à se connaître et à mesurer la profondeur des abîmes qui les séparent. Les populations, au contraire, que la différence des constitutions tenaient éloignées les unes des autres, sauront par quels points elles se touchent et quels dissentiments les séparent. Elles ne tarderont pas à s'apercevoir qu'elles aspirent toutes au même but, et que ce but, pour être atteint, exige de part et d'autre de communes concessions. La fusion s'opérant ainsi peu à peu, par degrés, peut être bien plus complète et bien plus intime. Si l'élément étranger essaie de dominer dans une diète fédérale, les populations auront le droit de réclamer et de donner leur adhésion à la puissance qui défendra le mieux leurs intérêts, qui interprétera le plus fidèlement leurs vœux.

La France s'est tenue à l'écart pendant plusieurs mois, elle n'a pas contrarié le vœu des populations, elle n'a élevé aucune observation sur l'invasion de la Sicile par les volontaires de Garibaldi. Aujourd'hui, devant les concessions du roi de Naples, concessions faites d'après ses conseils, et devant l'attitude de ses sujets, elle propose de nouveau à l'Italie son plan de Confédération. On aurait tort de repousser ses conseils. Elle a le droit de les donner, et il serait fâcheux qu'un refus absolu de les recevoir mît en désaccord deux puissances dont l'alliance sincère a produit jusqu'à ce jour de si beaux résultats. Dans tous les cas, si une rupture éclatait, ce n'est pas la France qui aurait le plus à en souffrir.

Nous aimons l'Italie, et nous croyons que cette nation, qui jeta sur le monde de si bienfaisantes lumières, qui l'éblouit de l'éclat de sa puissance, qui régna sur l'Occident et le civilisa, est appelée à reprendre, en Europe, le rang qui convient à ses traditions et à son histoire. Nous croyons que pour être grande, elle doit être une ; et si, cédant aux nécessités du moment, elle se fédéralise, nous sommes convaincu qu'elle sortira bientôt de cet état transitoire pour faire le dernier pas vers une organisation définitive. L'Union peut la conduire à l'Unité ; l'Unité, c'est la force et la grandeur de l'Italie ; c'est la paix de l'Europe.

FIN.

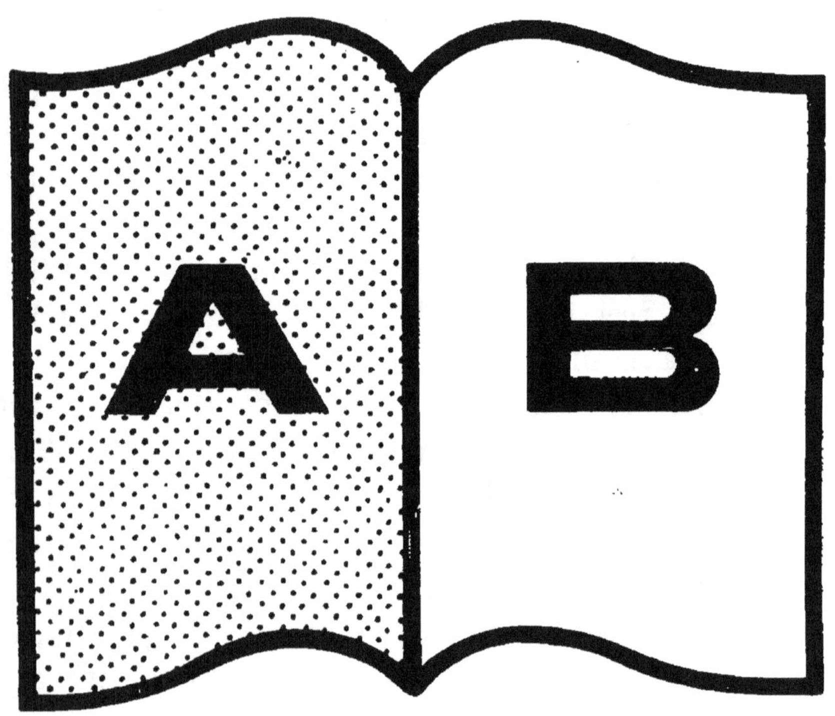

Contraste insuffisant

NF Z 43-120-14